记住乡愁

——留给孩子们的中国民俗文化

刘魁立 ◎ 主编

石敢当

第十辑 民间信俗辑

本辑主编 黄景春

黄景春 周丹 ◎ 著

黑龙江少年儿童出版社

编委会

主 任 刘魁立

副主任 叶 涛 施爱东 李春园

编委会 叶 涛 刘魁立 刘伟波 刘晓峰 刘 托 孙冬宁 陈连山 李春园 张 勃 林继富 杨利慧 施爱东 萧 放 黄景春

丛书主编 刘魁立

本辑主编 黄景春

序

　　亲爱的小读者们，身为中国人，你们了解中华民族的民俗文化吗？如果有所了解的话，你们又了解多少呢？

　　或许，你们认为熟知那些过去的事情是大人们的事，我们小孩儿不容易弄懂，也没必要弄懂那些事情。

　　其实，传统民俗文化的内涵极为丰富，它既不神秘也不深奥，与每个人的关系十分密切，它随时随地围绕在我们身边，贯穿于整个人生的每一天。

　　中华民族有很多传统节日，每逢节日都有一些传统民俗文化活动，比如端午节吃粽子，听大人们讲屈原为国为民愤投汨罗江的故事；八月中秋望着圆圆的明月，遐想嫦娥奔月、吴刚伐桂的传说，等等。

　　我国是一个统一的多民族国家，有56个民族，每个民族都有丰富多彩的文化和风俗习惯，这些不同民族的民俗文化共同构筑了中国民俗文化。或许你们听说过藏族长篇史诗《格萨尔王传》

中格萨尔王的英雄气概、蒙古族智慧的化身——巴拉根仓的机智与诙谐、维吾尔族世界闻名的智者——阿凡提的睿智与幽默、壮族歌仙刘三姐的聪慧机敏与歌如泉涌……如果这些你们都有所了解，那就说明你们已经走进了中华民族传统民俗文化的王国。

你们也许看过京剧、木偶戏、皮影戏，看过踩高跷、耍龙灯，欣赏过威风锣鼓，这些都是我们中华民族为世界贡献的艺术珍品。你们或许也欣赏过中国古琴演奏，那是中华文化中的瑰宝。1977年9月5日美国发射的"旅行者1号"探测器上所载的向外太空传达人类声音的金光盘上面，就录制了我国古琴大师管平湖演奏的中国古琴名曲——《流水》。

北京天安门东西两侧设有太庙和社稷坛，那是旧时皇帝举行仪式祭祀祖先和祭祀谷神及土地的地方。另外，在北京城的南北东西四个方位建有天坛、地坛、日坛和月坛，这些地方曾经是皇帝率领百官祭拜天、地、日、月的神圣场所。这些仪式活动说明，我们中国人自古就认为自己是自然的组成部分，因而崇信自然、融入自然，与自然和谐相处。

如今民间仍保存的奉祀关公和妈祖的习俗，则体现了中国人崇尚仁义礼智信、进行自我道德教育的意愿，表达了祈望平安顺达和扶危救困的诉求。

小读者们，你们养过蚕宝宝吗？原产于中国的蚕，真称得上伟大的小生物。蚕宝宝的一生从芝麻粒儿大小的蚕卵算起，中间经历蚁蚕、蚕宝宝、结茧吐丝等过程,到破茧成蛾结束,总共四十余天,却能为我们贡献约一千米长的蚕丝。我国历史悠久的养蚕、丝绸织绣技术自西汉"丝绸之路"诞生那天起就成为东方文明的传播者和象征,为促进人类文明的发展做出了不可磨灭的贡献!

小读者们,你们到过烧造瓷器的窑口,见过工匠师傅们拉坯、上釉、烧窑吗?中国是瓷器的故乡,我们的陶瓷技艺同样为人类文明的发展做出了巨大贡献!中国的英文国名"China",就是由英文"china"(瓷器)一词转义而来的。

中国的历法、二十四节气、珠算、中医知识体系,都是中华民族传统文化宝库中的珍品。

让我们深感骄傲的中国传统民俗文化博大精深、丰富多彩,课本中的内容是难以囊括的。每向这个领域多迈进一步,你们对历史的认知、对人生的感悟、对生活的热爱与奋斗就会更进一分。

作为中国人,无论你身在何处,那与生俱来的充满民族文化DNA的血液将伴随你的一生,乡音难改,乡情难忘,乡愁恒久。这是你的根,这是你的魂,这种民族文化的传统体现在你身上,是你身份的标识,也是我们作为中国人彼此认同的依据,它作为一种凝聚的力量,把我们整个中华民族大家庭紧紧地联系在一起。

《记住乡愁——留给孩子们的中国民俗文化》丛书,为小读者们全面介绍了传统民俗文化的丰富内容：包括民间史诗传说故事、传统民间节日、民间信仰、礼仪习俗、民间游戏、中国古代建筑技艺、民间手工艺……

各辑的主编、各册的作者，都是相关领域的专家。他们以适合儿童的文笔，选配大量图片，简约精当地介绍每一个专题，希望小读者们读来兴趣盎然、收获颇丰。

在你们阅读的过程中，也许你们的长辈会向你们说起他们曾经的往事，讲讲他们的"乡愁"。那时，你们也许会觉得生活充满了意趣。希望这套丛书能使你们更加珍爱中国的传统民俗文化，让你们为生为中国人而自豪，长大后为中华民族的伟大复兴做出自己的贡献！

亲爱的小读者们，祝你们健康快乐！

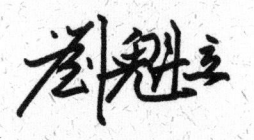

二〇一七年十二月

目 录

石敢当 …… 1

石敢当的形状 …… 5

泰山石敢当信仰 …… 11

与石敢当相关的信仰 …… 29

闽南的石敢当信仰 …… 41

其他地区的石敢当信仰 …… 55

石敢当

石敢当

家是我们每一个人最深情的港湾。在生活环境简陋、物质条件匮乏的古代,保护好自己的一方天地是人们最大的心愿。古人心怀敬畏,树立起一尊尊石敢当,希望这块灵石可以守护家园、保卫故土。

假如你仔细观察,便会发现石敢当多立于巷子拐弯处或者是桥头。这是因为古人认为灾祸、病魔会像人一

石敢当

样沿着道路行走。当走到路口、桥头时，假如附近有人家，它们就会顺势跑进去，给这家人带来灾祸。石敢当最初是用来镇宅辟邪的，不让妖魔鬼怪进入人们的家里。渐渐地，人们赋予它越来越多的内涵。人们相信，虔诚的信仰会保佑大家身体安康，吉祥幸福。正是因为人们认为石敢当的神力可以带来一个平静和谐的生活，所以千百年来这一信仰在民间广泛流传，迄今没有停息。

时至今日，我们漫步于街头巷尾，还会看到很多立在路口、桥头的石刻，上面写着"石敢当"或"泰山石敢当"的字样。它或许不是一枚单调的石块，而是被雕琢成一位阳刚英勇的壮士的样子，还有可能被刻画成一只憨态可掬的狮子。这些石敢当大多隐没在角落，给予我们静默的守护，它需要细心的你去发现。

石敢当的形状

石敢当

|石敢当的形状|

碑形

石敢当有很多种形状，分为碑形、兽形、人形等。在目前可以查阅到的资料中，碑形是最早出现的。据《墨庄漫录》记载，唐代有一位名叫郑押的福建地方官，曾经在地下埋了一块石敢当。后来，宋代人张纬在翻新地基的时候把它挖了出来。石碑上面用遒劲的毛笔写着："石敢当，镇百鬼，

|泰山附近市场上出售的碑形石敢当|
叶涛 摄

石匠在制作石敢当
蒋铁生 摄

压灾殃，官吏福，百姓康，风教盛，礼乐昌。"碑文的意思是：这块大石头是一个石敢当，它可以用来镇压鬼怪，消除灾祸。另外还乞求石敢当保佑这里官民同心，风俗淳朴，生活安康。制作石碑的年代是唐朝大历五年，这一年国家正处于藩镇割据的乱局，人民流离失所，官员也难得安生。郑县令作为福建莆田地方官，暗暗许下让子民安居乐业、地方井然有序的心愿。这位千年前的县官早已化为一抔黄土，但他勤政爱民的品行通过这方石敢当碑永远地流传了下来。

兽形

兽形主要是闽南地区的狮爷石敢当和西南少数民族的兽形石敢当。狮子形的石敢当主要分布在受闽南文化影响的沿海地区，比如泉州、厦门、金门等地。在泉州和厦门那里，狮爷石敢当大多被称为石狮爷。这些地方有许多纵横的小巷子，在小路的交会处，经常可以看到石狮爷，有的地方还为石狮爷建了小庙。

四川桃坪是一个羌族部落，保存了十分完整的羌族建筑。在这个羌族寨子里，有很多口中含剑的兽形石敢当。有人说这只神兽是羌族的祖先犬，也有人说它是一只猛虎。实际上这是典型的中原文化与地方特色文化相融合的产物。

人形

石敢当被打造成人的形象，可能是受到了勇士传说的影响。宋代有个文人叫施青臣，他曾经编写过一本叫《继古丛编》的书，里面记录了很多关于吴地民间的石敢当习俗。他说在苏州一带的居民区中，凡是路冲或者街道的拐弯处，必定要放一个石人或者是石片儿，撰写上"石敢当"几个字用来消灾解难，保佑平安。现存的古代人形石敢当不多，但是到了现代，在主要流传石敢当信仰的地区，比如山东泰山一带都以勇士石敢当作为

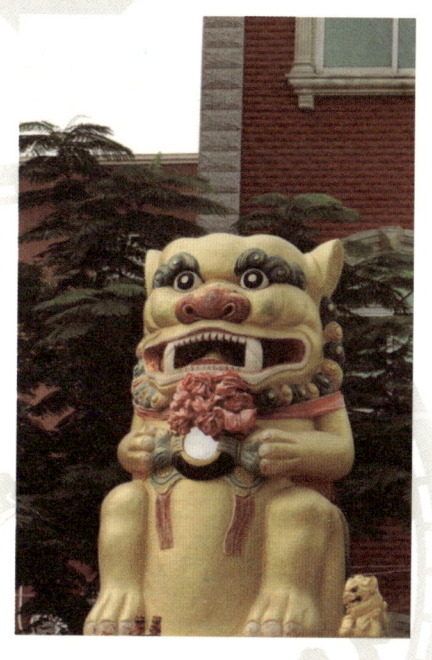

|厦门雌风狮爷和雄风狮爷|
黄绍坚 摄

|山东泰安南湖公园的人形石敢当雕像|
蒋铁生 摄

地方文化的一种象征。在山东泰安的市区公园里就树立了高大英武的人形石敢当。

随着物质生活水平的提升，人们的精神世界也越来越丰富。大家不再使用粗糙的石头，而是精挑细选一方美观的石敢当，尽可能使其与周围环境相和谐。经过历代的发展，我们已经掌握了多种美化石刻的方式，比如雕刻花纹、采用雅化字体、加工石刻形象等，让石敢当逐步具有艺术美感。

泰山石敢当信仰

泰山石敢当信仰

信仰的起源

泰山石敢当信仰的起源有两个：一是灵石崇拜；二是泰山信仰。

灵石崇拜是一种十分常见的远古崇拜。在很早很早以前，生产力比较落后，先民们能使用的器物大多直接来源于自然界。石头的坚硬给人以安稳之感，我们的祖

| 老房子墙面上的石刻 |

先便选择它作为镇宅之物。汉武帝的叔叔淮南王刘安组织他的门客一起编写了一部叫《淮南子》的书。其中记载："岁暮腊，埋圆石于宅隅，杂以桃弧七枚，则无鬼殃。"人们认为，在房子的四个拐角埋下圆圆的石头和一些桃木弓，就能保证家里不进鬼怪，一家人便可以健康平安。古代医疗条件落后，民众的生活水平比较低，导致死亡率很高。人们非常担心自己和家人的安危，就通过各种办法驱除邪气，获取心灵的慰藉。从几千年前开始，先民们就利用石敢当镇邪，他们相信灵石具有辟邪安宅的法力，能保证自己及家人的幸福生活。现代社会里，人们在修建高楼大厦的时候也会在墙角砌一块刻有"石敢当"的大石头用来辟邪祈福。

关于古人的灵石崇拜，可以从很多神话故事中找到影子，比如女娲补天的故事。

女娲是一位人首蛇身的善良女神，她为人类做过许多大好事。其中最为后人传颂的是女娲补天的丰功伟绩。当时，水神共工和火神祝融打起仗来，从天上打到地下，闹得鸡犬不宁。最后祝融打胜了，但失败的共工不服，一怒之下把头撞向不周山。不周山本是支撑天地之间的大柱子，柱子崩裂折断了，天倒下了半边，破了一个大窟窿。地也裂了一道道大缝，山林烧起了大火，洪水肆虐大地，猛兽也出来吞食人民。人类面临着空前的大灾难。

传说人们都是由女娲

用泥土捏造出来的,她对待人类犹如对待自己的孩子一般。看到世界变成了这个模样,她既心疼又着急,于是想尽办法来终止这场灾难。传说将五种颜色的彩石熔化成浆,便可将残缺的天窟窿填实。女娲便在高山之上、深海之间寻找五种颜色的彩石。不久,她就把天上的大窟窿补好了。随后又把其他被破坏的山河湖海都修好了,人们这才重新过上了好日子。

关于治水英雄大禹的出生,也有很多神话故事,其中就不乏与灵石相关联的传说。

大禹的母亲叫女狄,她的家住在石纽山下。石纽山的泉水非常纯净,附近居民都三五成群地结伴到那儿去取水。有一天傍晚,女狄独自去打水,发现泉水里有一枚石子晶莹剔透,散发着迷人的光芒。她一看到就喜欢得不行,于是就拣了起来。因为实在太喜爱了,像受到神力的引导一样,女狄把石子吞进了肚子。

女狄吃了石子后,竟然怀孕了。常人都是十月怀胎,而女狄足足怀了十四个月,可见这个婴孩绝不是等闲人物。等孩子出生后,母亲给他起名叫"禹"。因为禹是水中石子的化身,所以他有寻找水源的能力,非常了解江河湖海各处的水。长大后的禹治理好了国家的水患,功不可没。

"石敢当"一词最早出现在汉代。汉元帝执政时期,有一位叫史游的黄门令编写了《急就篇》，里面有"师猛虎，石敢当，所不侵，龙未央"的句子。这个"师"，其实就是"狮"字。史游这几句话把石敢当与狮子、猛虎、龙并列，因为它们都具有镇压灾殃的特点。唐代大学问家颜师古曾经专门做过一些关于《急就篇》的研究，他这样解释石敢当："卫有石碏、石买、石恶，郑有石癸、石楚、石制，皆为石氏；周有石速，齐有石之纷如，其后以命族。敢当，所向无敌也。"颜师古先是列举了许多前代姓石的豪侠之人，并且认为"石敢当"是一位勇士的名字。颜师古的这个说法具有普遍性，很多人都认为"石敢当"是一个人，或者说就是自己家乡这里的人。这样的理解最容易被人接受，让人们对石敢当充满亲近之感。

山岳崇拜是另一种文化现象。在甲骨文中有多处对于大山崇拜和祭祀的记载。远古时期有很多山神，并且出现了数山合祭的现象。"泰山"这一称呼最早出自《诗经·鲁颂》："泰山岩岩，鲁邦所詹。"山东泰山一带是鲁国所在，它巍峨高耸，是鲁地的象征。我们今天所说的五岳——东岳泰山、西岳华山、南岳衡山、北岳恒山、中岳嵩山，是在汉代确立下来的。不过这个时期，泰山还没有变成五岳之首，五座名山的地位都差不多。古代帝王有巡守的传统，他们要亲自巡视诸侯所守的地方与边疆。从春秋到秦汉，在儒家思想的指导下，巡守

石敢当

逐渐变得制度化、礼仪化，包含的文化意蕴也更加广博深远。巡守制度与封禅有着很深的渊源，封禅是指中国古代帝王在太平盛世或天降祥瑞之时祭祀天地的大型典礼。古人认为群山中泰山最高，为"天下第一山"，因此人间的帝王应到最高的泰山去祭过天帝，才算受命于天。在泰山上筑土为坛祭天，报天之功，称"封"；在泰山下梁父或云云等小山上辟场祭地，报地之功，称"禅"。这是古代帝王的最高大典，而且只有改朝换代、江山易

| 泰山顶"五岳独尊"石刻 |

主，或者在久乱之后，致使天下太平，才可以封禅天地，向天地报告重整乾坤的伟大功业，同时表示接受天命而治理人世。封禅大典在古人心目中的地位有多高，我们从司马迁父亲的遗言中就可以知道了。

司马迁是汉武帝时期著名的史家，他的父亲司马谈也是非常尽职尽责的史官。司马谈在担任皇家太史令时，能接触到宫廷珍藏的珍贵文献，便立志写一部通史。从一定程度上说，司马迁写作《史记》是继承了父亲的遗志。司马迁在书中记载了父亲去世时的事情：

意气风发的汉武帝通知臣子，他决定去泰山举行封禅大典。汉武帝要通过祭拜天地万物的方式展示大汉朝国泰民安、鼎盛太平之世。这是非常隆重尊贵的仪式，许多臣子当了一辈子的官也没有见过这场旷世大典。司马谈身为史官，担负着记录过程的职责，有幸随同汉武帝一起前往泰山。司马谈在出行途中染了病，可惜古代医疗水平落后，病情不但没有好转，反而越来越严重了，最后恶化到卧床不起的地步。他没有办法跟随皇帝去泰山祭祀了，汉武帝便把他安置在洛阳养病。皇帝的仪仗渐渐远去，司马谈痛恨不已。儿子司马迁接到家书，得知父亲在洛阳重病卧床，赶紧前来探望。病榻前，父亲老泪纵横，哭着对他说："天子雄韬武略，稳定了中原统治，开创了我们大汉的盛世。现在要到泰山举行封禅大典。我也能随行，这是多么光宗耀祖的事啊！没想到造化弄人，我竟然突然生病，留在洛阳这个地方。这难道是我的命运吗？"司马谈心里久久不能平静，没多久就郁郁而终了。

司马谈临终前的遗憾、悔恨让司马迁铭记在心，永生难忘。由此可见，泰山封禅大典在人们心中的地位有多高。帝王的封禅大典发展到秦汉，已经不是单纯意义上的与天沟通，而具有了"求仙""不死"的成分。比如秦始皇曾经到山东沿海地区寻找神仙，汉武帝也到处寻求不死神药。西汉时期，社会上出现了"泰山治鬼说"。传说泰山是阴间的入口，泰山的下面就是冥府，所有去世的人都生活在那里。晋代干宝的《搜神记·胡母班》记载这样一个故事：

有一个叫胡母班的人，住在泰山附近。有一次他从泰山脚下走过，忽然在树林里碰到一个红衣骑士，招呼他说："泰山府君召见你。"骑士请他暂时闭上眼睛。一会儿之后，等他再睁开眼，便看见非常气派的宫殿和威严的泰山府君。府君让人给他端上丰盛的饭菜，说："我想见你，没有别的事情，只是想请你捎封信给我的女儿罢了。"

胡母班问："您女儿在哪里？"

府君说："我女儿是河伯的妻子。"

"好，我立即送去，但是不知道该怎么找到她？"

府君回答说："你一到

黄河的中央，便可以敲打船呼唤奴婢，自会有取信的人出来。"

后来胡母班赴长安，顺路就完成了泰山府君吩咐的这件事。他在长安住了一年后回家。走到泰山旁边，不敢不打招呼，于是他敲着树干，自报姓名："我胡母班从长安回来，想向泰山府君问声好。"不一会儿，之前的那个骑士就出来迎接他了。胡母班向泰山府君报告了送信的经过。府君说："我会报答你的。"

胡母班说罢便去上厕所，这时他忽然看见几百个戴着刑具干苦力的小鬼，自己死去的父亲也在其中。胡母班是个孝子，他哭着问道："父亲大人为什么落到这个地步？"他父亲说："我死

后很不幸，被惩罚三年，现在已经两年了，苦得实在是受不了了啊。你现在被府君所赏识，你快求他宽恕我吧。封我一个土地神那样的小官当当。"

胡母班立刻向府君磕头求情。府君说："不是我不愿意帮忙，只是活人和死人属于不同的世界，不可以互相接近。"胡母班苦苦哀求，府君最终还是答应了他的请求。

胡母班这才放心地告辞回家。没想到过了一年多，胡母班的儿子几乎全死光了。他很恐惧，赶紧又跑到泰山敲树求见泰山府君。胡母班说道："这一年多的时间里，我的儿子们都快死光了！现在恐怕祸事还没完，所以马上来找您，希望得到

您的怜悯和拯救。"

府君说:"这就是我过去对你所说的'活人和死人属于不同的世界,不可以互相接近'的缘故啊。"他叫来胡母班的父亲,问他:"过去你请求回到家乡当个土地神,本当为家族造福,可是你的孙儿快死光了,这是为什么呢?"胡父回答说:"我离开家乡很久了,十分高兴能回家,又碰上吃的喝的十分丰盛,实在想念孙儿们,所以就把孙儿们都带到我这里(阴间)了。"

于是,府君便撤了他的职务。后来胡母班又有了儿子,都平安无事地长大成人了。

从这个故事里,我们可以很明显地看出泰山府君在阴间的地位。他可以未卜先知,掌管人的生死,也有权任免阴间官员。人们因为恐惧和敬仰而信仰泰山。

人们把"泰山"和"石敢当"结合在一起的具体年代不得而知,目前可以见到的最早证据是宋金石刻的拓片。在台北傅斯年图书馆,收藏了几张镌刻蒙古文、汉文的泰山石敢当拓片。这是一份直接证据,证明最迟在宋金时期,人们已经普遍地将"泰山"与"石敢当"一起使用了。

泰山的天上有享受皇帝祭祀的众神,泰山的地下有冥府的泰山府君,可谓神性十足,因此泰山有能力驱邪镇妖,保佑人们平安。但是,泰山实在是太大了,我们不可能把它随身携带,所以就用泰山上的一块石头来代替

| "金如意院尼道一首座幢记"拓片之一 |
叶涛 供

| "金泰山石敢当蒙古文"拓片之一 |
叶涛 供

它。这样的信仰方式与西方的圣餐类似。信众从庄严肃穆的圣餐仪式中继承耶稣的精神。这种信仰方式和我们对于泰山石敢当的信仰实际上是一致的。作为耶稣化身的葡萄酒和面包成为天主教信徒的精神源泉。在泰山石敢当信仰中，泰山上的石头成为泰山的化身，把它树立在路口、庭院或墙角，也能起到驱邪镇妖的作用。

民间故事中的泰山石敢当

全国各地流传着很多石敢当的传说，尤其是在石敢当的"老家"——山东。泰山附近的人们认为"石敢当"是自己的老乡。当地还流传着一个男女老少都耳熟能详的故事：

很久很久以前，泰山那里有一个人，叫石敢当，家住徂徕山下桥沟村。这个人在泰安城当测字算命的先生，他算卦很准，大伙儿都非常相信他。再加上石敢当生性仗义，好为人打抱不平。乡里乡亲有人受了恶棍欺负，就会去请石敢当帮忙。所以他在那一带很有名。

泰安城南边有个汶口镇，镇里有一位美丽的姑娘。每当傍晚，太阳下山后，就会有一股妖风推开她家的门，这其实是妖精在作祟。姑娘被妖怪缠身，终日面黄肌瘦。许多医生来给她看病，都没有用。她对父母说："我是妖气缠身，光吃药是不能好的，得赶紧找个人来给我驱妖，不然我很快就没命了。"老两口一听焦急得像热锅上的蚂蚁，他们就这么一个独生女。多方打听后，据说泰安城里的石敢当很有本事，于是女孩的父母立马赶去找石敢当救救他们的女儿。

石敢当是个热心肠，立刻就答应了。他请来十二个童男、十二个童女。男孩每人一个鼓，女孩每人一面锣。他还准备了一大盆香油、一个灯芯。大家吃完晚饭，天色也暗了下来。石敢当把香油灯点亮，可是又不能让妖怪察觉，于是在灯上罩着一口大锅，底下用脚垫着锅沿。很快，妖精果然来了。石敢当找准时机，一脚踢开大锅，灯光一下子照亮了整个屋子，二十四个孩童一起敲锣打鼓，把妖怪给赶跑了。姑娘立刻恢复了健康，一家人都非常感激石敢当。

那个被赶跑的怪物跑到了炎热的南方，缠住了那里的一户人家。当地人听说妖怪曾经被石敢当打败，便要赶到山东那儿请石敢当去拯救被妖怪缠身的亲人。妖怪一听，赶紧又跑了，跑到了寒冷的北方。北边有人也得了怪病，又要请石敢当去他家镇宅。

石敢当心想："这妖怪东跑西跑，我来回去追，也不是个办法。"老家的泰山上石头很多，于是他就找石匠在泰山石上刻上他家乡的名字——泰山，他自己的名字——石敢当。如此一来，只要把这块"泰山石敢当"放在家门口，就不会有妖怪敢进家门了。久而久之，"泰山石敢当"就成了镇宅辟邪、护佑一方的神物了。

说完了石敢当驱山妖的故事后，下面再为大家讲一个驱狐妖的故事。

石敢当是一位医术高超的针灸神医，他家就住在泰山上，因此大家尊称他为"泰山石敢当"。这位神医不仅医术高超，而且乐善好施。只要有人生病，他随叫随到。假如是贫苦人家，他就坚决不收费用。泰山那一带狐狸成精的很多，石敢当也特别擅长整治这帮妖魔鬼怪。只要是被妖精附身的病人，他找准穴位用银针一刺，妖怪当场就灰飞烟灭。因此被石敢当扎死的狐精不计其数，妖精们怕他更恨他，一直在想办法除掉他。

一天深夜，石敢当睡得正香，突然有人"砰砰砰"地敲门。他起身一看，是一个老头儿牵着一头毛驴站在门口。老人焦急地说："神医啊，我儿子生病了，快不行了。快救救我们吧。"石敢当二话不说，赶紧收拾好药箱随他去了。天黑漆漆的，他们骑着小毛驴也不知道走了几个小时，天都快要亮了。石敢当感觉到气氛越来越诡异，就问老人家到底要去什么地方。只见这老头儿变成了狐狸，对他说："你不知杀了我家多少口，现在我要去找狐主人来为我们报仇。"说罢，狐狸消失在森林里。

石敢当找不到回家的路，就往一个方向使劲儿走。走着走着，他突然看到一点儿灯光，赶紧跑过去。原来是一户茅草屋。石敢当也顾不上多想，赶紧敲门。开门的是一位老婆婆。老妇人见了狼狈不堪的他，惊讶地说："原来是石神医啊。"听了石敢当的讲述后，老婆婆说："这里叫皮狐山，漫山遍野都是狐精。幸亏你遇到了我，不然可就走不出去了。"她在石敢当的手心里画了一个符，让他遇到危险的时候再伸开手。说罢，老婆婆和茅草屋一起消失在山雾中。

果然，不一会儿，狐主人来找石敢当索命。石敢当看敌不过这老妖精，就张开手掌。一瞬间光芒四射，狐精们死了个精光。石敢当有法力的事情很快在乡里和妖怪间传开了。从此，家家户户都在门口树一个石敢当，保证妖魔鬼怪不敢进屋。

其实石敢当本来不是人，但是大家愿意把它想象成人的样子来讲述它的故事。这样显得更加亲近，也更易得到石敢当的庇护。泰山石敢当信仰是灵石崇拜和泰山信仰相结合的产物。它的产生受到历史、宗教、政治等多方面的影响，但是民间故事不会说得那么复杂，而是采用通俗易懂的趣味故事来讲述石敢当。

除了编出来的民间故事外，人们还在现实生活中大范围地使用石敢当来弥补地理位置的缺陷。中国人历来讲究风水，认为大人物一定诞生于风水宝地。假如一户人家迫于无奈，住在一个不太吉祥的位置，那么常常会立一方石敢当来弥补一下环境的缺陷，确保一家人健康平安。

贵州东南部的镇远县是一个历史悠久的古老之乡。据说，五千多年前，蚩尤部落战败迁徙，其中一支苗人从河南舞阳的灄水畔辗转至沅江一带，再进入湘黔边境的深山老林，和当地的土著

石敢当

人融合，然后在这一带建立了部落酋长国——罗施国。这个酋长国的都城，史称"苗疆古城"。这条生命之河，就叫潕阳河，这个古城，就是未来的镇远。回肠荡气的潕阳河从西部山区蜿蜒而下，绕了一个巨大的太极图式，将镇远一分为二。

千百年来，该地流传着"鱼眼"之说。"鱼眼"，象征着这个城市的命运。南岸"鱼眼"称卫城，北岸"鱼眼"称府城，两城阴阳相协，人民安居乐业。后来有人在水流转弯处建了一个新的大楼。然而，一个流言在城中迅速传播开来：此楼的位置处于转弯处，不吉利。这一消息在镇远城里酝酿发酵，越传越神乎。后来这座大楼出租给一位商人。这位老板

| 贵州镇远某大酒店门前的石敢当 |

黄景春　摄

也听说了这些流言，丝毫不敢怠慢。他找人在大楼门口修建了美观的花坛，并在中间树立一块巨石，上面写着"泰山石敢当"五个大字。他借用泰山石敢当的威力，巧妙地补救了风水上的缺陷。酒店的生意很好，人们都说这得力于泰山石敢当的神力。

与石敢当相关的信仰

与石敢当相关的信仰

如今,石敢当的作用随着人们需求的多样化,也开始逐步齐全了。比如,山东地区的"石大夫",履行医生的职责,具有治病救人的神力。东南方向的福建、金门面朝大海,常年与海洋相伴,当地的石狮爷主要用来抵御狂风,保卫岸上的人民和他们的财产。石将军在台湾也十分流行,甚至在日本也经常能看到。

在漫长的历史进程中,石敢当信仰随着居民的迁徙、文化的传播、商业的发展而流传海内外各地。每当它传到一个地方,就会和这里的民居建筑、民间文化、宗教信仰紧密融合,融入当地人民的生活习惯之中。

石大夫信仰

顾名思义,石大夫是给人治病的医生。王士禛是清朝初年山东著名的文人。他曾经写过一本《古夫于亭杂录》,里面有"太(泰)山石敢当"一条,谈到了石大夫与泰山石敢当的关系。当时,在山东一带,村头巷口这样的道路交会处都会放一块石头,上面刻着"泰山石敢当"几个大字。每当到了晚上,石头里住着的神灵就会现身,到生病的人家里给人治病。所以,又被称为"石大夫"。这一说法基本

记住乡愁——留给孩子们的中国民俗文化

集中在山东一带，其他地方很罕见。

章丘是一座山东城市，明代的《章丘县志》记载了一个石大夫显灵的故事。

章丘附近有个东陵山，山下有一块巨大的石头，很神异。巨石时不时会幻化成面目不同的人，跑到各地去行医。很多人都受到过石大夫的帮助，心里都非常感激他。

遥远的陕西渭南那里，有一个书生，叫刘凤池。一天，石大夫化为一个算命郎中，来到他家。当刘凤池报出自己的生辰八字后，他立刻跪下叩头，说："您是我

| 章丘市东陵山
"大夫石" |

周颖 摄

的父母官啊。您以后一定会考取进士，到我的家乡章丘来当县令的。"刘凤池听后呆住了，也不知道是真是假。但借着算命先生的吉言，刘家盛情款待了他。

过了几年，刘凤池果然考取了进士，又确确实实被派到山东章丘来当官。如此一来，数年前算命郎中的话都应验了。他上任后，向很多人描述了那位算命先生的外貌，可是没有一个人知道他是谁。有一天晚上，石大夫托梦给他，说："我不是人类，我是东陵山下的一块巨石。"第二天，刘凤池便打听到很多关于石大夫的善事。他很快带着祭品到了巨石那儿，隆重地祭拜了这块巨石。并为他建起一座小庙，留诗纪念。当地受过石大夫

| 邓家村石大夫庙 |

姜波　摄

记住乡愁——留给孩子们的中国民俗文化

|石君祠门面|
叶涛 摄

恩惠或者想请他帮忙的人都纷纷前来上香。

现在东陵山的石大夫祠，早已不存在了。但是"石大夫"石却保留了下来。章丘的西南部还有个邓家村，村里也有个石大夫庙。庙前有一大石，约一米半高，上刻有"镇宅大夫、石敢当"两行大字。据村民讲，庙已存在多年，石头上刻的字都已经模糊了。但庙里仍然香火旺盛，香客信众络绎不绝。大家有来求石大夫治病的，也有病好后来感谢的。

山东莱芜市财神庙村里有一个清代石君祠。据当地村民介绍，石君祠供奉的石大夫老爷是山东淄川人，他的两个老婆也是淄川人。石大夫老爷从淄川到泰安去办事，路过此地，看到这儿的风景非常优美，就住下不走了。石大夫是个疮大夫，以前石君祠农历正月十六有庙会，长疮长疙瘩的人都来拜石大夫。每当举行庙会的时候，方圆百里的小商贩都来卖小玩意儿，百姓们可以高高兴兴地游玩。当然，大家也不会忘记向石大夫祈福，保佑自己和家人平安健康。

古时候医疗条件很差，人们很容易患各种各样的疾病，平均寿命较短。一旦大家得知什么地方有神医、大仙可以治病，都纷纷前去求助。即使明明知道有些地方是装神弄鬼，但是只要有一线希望就想去试试。如果祭拜过石大夫的这位病人真的慢慢好转了，那么老百姓就认为是石大夫在暗中相助。

| 石君祠内石大夫塑像 |

叶涛　摄

石将军信仰

早在元明之际，古人就有了把石敢当称作"石将军"的说法，元末明初的大文史学家陶宗仪在《辍耕录》里便有相关记载。目前在大陆地区很难发现石将军的遗留，倒是在台湾有多处石将军的记载，还有位日本的三岛格先生特地跑到台北士林去调查过。他在一户人家门口的水田里，发现一尊一米半高的"石将军"塔。另外，在台北市区也发现了一座"石将军"塔。当地人借用石敢当辟邪镇宅的作用，将其立在墓园处，成为贵族家庭守墓的神灵。直到今天，台湾的道士们还在给信众发放"石敢当符"，用来辟邪防身。

基隆一带流传着一个传说，解释了石将军与石敢当的亲属关系。

石将军力大无穷，英勇无比，喜好为人打抱不平。因为他一身正气，所以也能驱除鬼魅。后来，有一位美

|台湾新竹某法师的石敢当符|
叶涛 摄

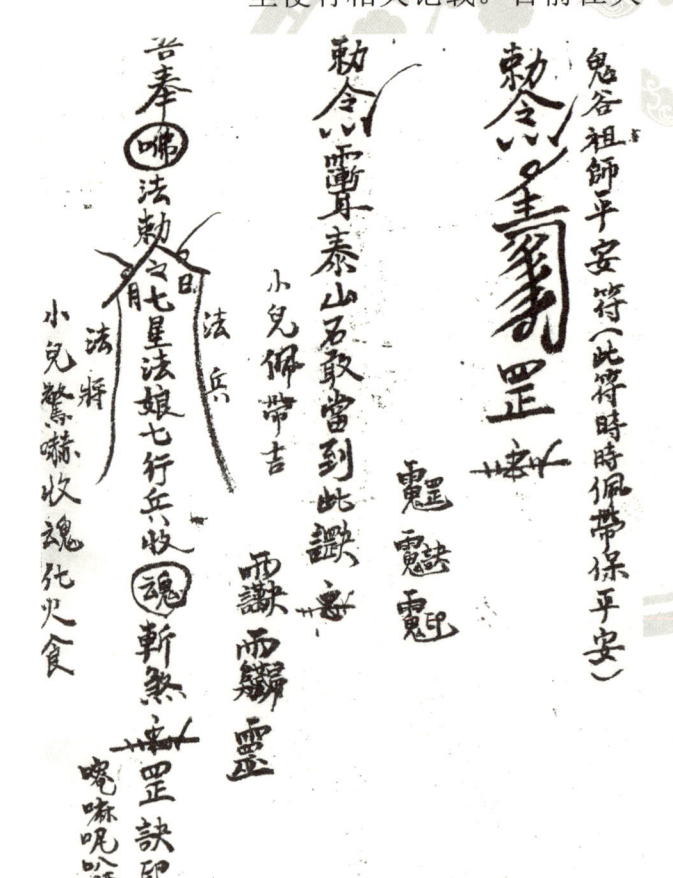

丽的妇人与石将军相恋,并有了爱情的结晶。他们的孩子叫石敢当,从小就跟随父亲习武,练得一身好本领。后来石将军生了重病,很快离开了人世。小小的石敢当便肩负起照顾家庭的重任。七岁起就和母亲一起上山采摘草药、食物。山中住着一个妖怪,妖怪知道石敢当很厉害,所以迟迟没有害人。没过多久妖怪便忍不住想吃人了。石敢当继承了父亲石将军的正义,他的光芒照得妖怪落荒而逃,妖怪再也不敢为非作歹了。从此,石敢当的名声就在当地传播开来。

当地有一位姓李的大户人家,家里没有孩子。李员外听说了石敢当的孝行和本领,请求收他为养子。他来到李家后,非常孝顺李家的父母,学习管理家业。老两口开心极了。有一次,石敢当和李员外结伴外出,走到人迹罕至的地方时,突然有猛虎来袭击养父。石敢当立刻冲上前去与老虎厮打,保护养父。养父非常感动,回城后将此事报告给官府,官府立刻给予嘉奖。

就这样,石敢当的名声越来越大。人们纷纷在木头或者石头上刻上石敢当、石将军的名字,用来驱邪、消灾。

山海镇信仰

在山东济南莱城区和庄乡横顶村,除了遍布全村的石敢当外,村内还有一处住户的正房的后墙冲着路巷,住户在后墙上放置了一块砖刻,上部写着"山海镇"字样,

记住乡愁——留给孩子们的中国民俗文化

| 横顶村"山海镇" |
叶涛 摄

下部刻绘有山、海图形。

再比如首都北京的一座大型写字楼前面也有一尊高大的山海镇。这座约两米高的山海镇正对着一条胡同和朝阳门内大街的交口。这座高大的山海镇一看便知是伴随着身边的写字楼特意建的。那么为什么要在这儿立这样昂贵的石料呢？常年在此处工作的环卫工人告诉我们，商人做生意非常讲究风水、气数，这座大厦冲着路口，面对停车场，在位置上似乎有点缺憾，于是就建了这座山海镇来改善风水。

江南的苏州是一座历史悠久、名人辈出的风水宝地。这儿也保留了许多山海镇，如阊门内下塘街正对着码头，当地人就在河岸边立了"天降山海镇"。明代书法家文震孟的故居位于文衙弄和赛儿巷的交口。人们通常认为妖精鬼魅会顺着路走，假如走到转弯口，被某户人家的房子挡住去路的话。那

38

|北京市东城区朝阳门内大街大厦门前的山海镇|

王吉怀 摄

么它很可能直接穿墙而入，到这户人家里作威作福，害人性命。文家便借用"九龙八风山海镇"来解决这一问题。建新巷47号，相传为清末名妓赛金花的出生地，也有一方"八风山海镇"。之前"八风山海镇"镶在墙里，后来的屋主翻新房屋，不敢把石敢当丢弃，便把它移到墙角，正对着一个丁字路头。请它继续保家护院，镇宅消灾。

苏州现在保存得最好的一块石敢当在阊门内下塘仓桥浜34号邓宅前。邓宅藏在小巷的最深处，北靠桃花坞河，东濒仓桥浜河，南有河埠水湾，是三面依水的水巷古民居。整座房屋虽然空间狭窄,却布置得有声有色。大门西侧实心的石库门里立着刻有"泰山石敢当"行书字样的石碑,碑高大约一米,刻有虎头纹,并有一个八卦太极图,据传是旧宅主为避开风水学上所讲的"冲杀忌讳"而立。难得的是不远处是一个河埠,建有一堵墙门,门楣上砖额书有"河埠"二字,非常古朴。出门临水,石级上下,又别有韵味,且恰与粗犷的石敢当相映成趣。

闽南的石敢当信仰

闽南的石敢当信仰

福建石狮爷信仰

福建的石敢当多与狮型相结合,当地人称之"石狮爷"。福建的石敢当信仰历史悠久,现今所知最早的石敢当实物,是出土于莆田的唐代石敢当石碑。除了碑形石敢当外,以厦门、泉州、漳州为代表的地区还有大量的石狮爷。

厦门的街巷大多幽深曲折,稍不注意就会迷路。老城区历来是游客的观光胜地,伫立在曲折的小巷子里的石狮爷,恰好也起到了路标作用。距热闹的中山路仅

| 厦门小巷子 |
周升 摄

记住乡愁——留给孩子们的中国民俗文化

数十米之遥的地方，有一条名为"本部巷"的小街。巷子虽然长度不足三百米，但里面曲径通幽，陌生人走进去就很难再出来。本部巷31号曾是郑成功部将洪旭故居。明代飘摇之际，他跟着郑成功一起对抗入侵者，守卫国家。洪旭的兵部衙门称本部堂，所以当时人们尊称他为"洪本部"。他的故居所在之处也改名为本部巷。本部巷道边有个"石狮爷"，虽然线条粗犷，但轮廓鲜明，头戴三支剑状盔冠，石狮具象呼之欲出。

厦门石顶巷的岔道口有座本地最大的石狮爷庙。十年前这个小庙还比较简单，顶上是绿色琉璃瓦，靠在一户人家的墙壁上。过了几年，人们特地为这尊海蓝色的石狮爷建了一个屋子，让他拥有更好的小庙。当地的老人家说，因为老城改造，一开始准备请狮爷去草埔巷，但是它似乎很不愿意去，在搬迁途中出了很多奇怪的事。所以大家就明白了石狮爷的心意，便请它继续在石顶巷安家落户。附近的老居民中

|厦门石顶巷狮王庙的香客|
叶涛 摄

石敢当

|石顶巷新建的
石狮爷庙宁|
周升 摄

间流传着很多石狮爷显灵的故事。其中有这样一个故事：

这尊石狮爷是整个厦门唯一一个有自己的小庙的石敢当，它在街道的交叉口，保佑人们的平安。因为石狮爷的神威，大家的生活一直很平静幸福。每逢初一、十五、节庆之际，大伙儿总不会忘记给石狮爷送点儿礼品。有的人送鲜花、有的人送瓜果，也有人往石狮爷面前的功德箱里投钱。

这本是和谐美好的事情，没想到竟有人打起了这些钱的主意。有几个盗贼无意中发现这座小庙竟然有不少香火钱，除了固定的日子外，平时没有人看管钱箱。这下他们好像发现了宝藏一样，隔三差五地来功德箱里拿钱。一开始拿得少，大家也没发觉。后来这几个小偷

45

看大家没有察觉，胆子就大了起来，一下子把功德箱里的钱全部装进了自己的口袋。

很快，这件事就暴露了。但是因为石顶巷在老城区，这里没有监控，大家一时间也抓不到真凶。又过了一段时间，只见几个陌生的年轻男子到石狮爷面前虔诚地叩头，并往功德箱里投了很多很多钱。附近的居民感到非常奇怪，便上前询问。这一打听才知道，原来他们就是以前的小偷。

他们偷了石狮爷的香火钱，转眼就挥霍得一干二净。石狮爷非常愤怒，就降罪于他们几个，让这几个年轻力壮的小伙子接二连三地生起怪病。他们得病后，非常恐慌，想着肯定是因为偷了石狮爷的钱，所以一起跑到石狮爷庙前认罚。

每年的农历八月十三日是这座石狮爷的生日，当地居民还要请戏班子来唱好几天的戏，大家用唱戏的方式给石狮爷祝寿。那一带的人与石狮爷朝夕相处，早已像

|厦门石顶巷石狮爷|

黄绍坚 摄

一家人一样亲密无间了。石狮爷成为一方百姓的信仰之神，他们相信这尊憨态可掬的石敢当有法力为他们驱除灾祸。

早在宋元时期，泉州便成为世界第一大港，各国商船云集，各种宗教建筑遗迹保存至今。泉州西街是非常古老的街道，有很多石敢当隐藏在这儿。泉州西街古榕巷40号的石敢当，被官方认为是泉州最小的石敢当，它是个小狮子头，被放在对着巷口的墙上的一个小洞内，高15厘米，宽10厘米，石头刻制，栩栩如生。然而据泉州当地人介绍，最小的狮爷应该是西街古榕巷另一个被嵌进墙壁里的小狮子。这尊小狮子即使加上尾部，也只有三块砖高，也就是12~15厘米，宽度仅一块砖大小，也就是5厘米左右。泉州还有一个石狮市博物馆，陈列着一些形态各异的石敢当。泉州人自豪地说：

|泉州西街古榕巷真正最小的石敢当|

|官方认为的泉州最小的石敢当|

思亚 摄

记住乡愁——留给孩子们的中国民俗文化

| 泉州屋外墙的石敢当 |

"泉州的石敢当并不只是博物馆里的那些，街头巷尾到处都是。"

金门风狮爷信仰

金门是一个岛屿，在福建和台湾之间。金门的石敢当被称作"风狮爷"，与厦门、泉州的石狮爷相比，金门风狮爷都是非常高大的，一般傲然耸立在村头或者是海边。自古以来，岛上的风沙让渔民苦不堪言。所以，这里的风狮爷具有防风沙的法力。

狮子形象硕大，充满异域的神秘感，人们便把它当作镇压邪祟的神物。日常生活中很难见到狮子，所以金门的渔民就自己动手，把石头塑成狮子的模样，立在门口或路边，用以镇邪。

金门岛四面环海，必然受到海风海浪的影响。渔民们靠海吃海，他们通过捕鱼获得经济来源。古时海岛渔民工具落后，天气变幻无常，一叶扁舟出入风浪，渔民生死未卜。家人能安全返航，是一个渔民家庭最大的

石敢当

心愿。然而海洋变化莫测，出海的亲人不知道会遇到什么危险。人们祭拜风狮爷，期望风狮爷能挡住大风，平息海浪，保佑亲人早点儿平安归来。

千百年来，金门人不仅受到天灾的威胁，还遭受人祸的摧残。元朝政府要求金门人把到岛上的树木砍了，用来提取海盐。这一行为直接导致金门一带生活环境遭受灭顶之灾。到了明清，倭寇屡犯东南一带，威胁王朝的统治。于是政府又出台了一系列保护统治的政策，导致金门渔民的生活再次遭受打击。金门人失去了往日美丽的家园，可又舍不得搬走，便寄希望于风狮爷身上，恳请风狮爷多抵抗一些狂风暴雨，让渔民们的生活好过一点。

新中国成立之初，居

|身披绿衣的金门风狮爷|

记住乡愁——留给孩子们的中国民俗文化

民大批外出谋生，岛上渐渐荒凉，风狮爷崇拜也随着渔民的迁走而日益衰落。到了1992年，金门岛的军事戒严解除，人们陆陆续续重返故土。金门的风狮爷渐渐引起人们的关注，一尊尊被风沙淹没、被故人遗忘的风狮爷又重见天日。随着金门旅游业的发展，风狮爷也成了当地颇具特色的人文旅游景观。从此，风狮爷不仅担负着防御风暴的重任，还在为当地的经济发展贡献力量。如果你去金门一带旅游，会看见金门岛到处都是小巧可爱的风狮爷石敢当。它已经成为当地的民俗文化象征，同时也护佑着那一方水土、一方人。

| 金门风狮爷石敢当纪念品 |

金门高大威武的风狮爷面朝大海，镇住狂风暴雨，保佑金门的渔民捕鱼顺利，平安返家。岛上坐落着许许多多的小村落，几乎每个渔村里都流传着风狮爷的故事。其中有这样一个故事：

相传，风狮爷旁边原本驻扎着一个军营，军营里有一个靶场。军营里的军人都是小伙子，年轻气盛。一次，有两个士兵明天就要离开西洪村了，他们心里非常不舍，就相约一起喝酒。后来两个人都喝多了，想练习射击技术，重温一番。结果两个人醉醺醺地到了训练场，说话语无伦次。管理军火的人便拒绝了他们的要求。

两个人非常生气，心想自己曾为这个军队任劳任怨，没想到现在再去武器库竟然遭到了拒绝。两人手里还有暂未上交的枪支，便想找个没有人的地方练练。这时候，他们看到旁边的风狮爷高大威猛，就以风狮爷的衣饰为靶子，开始了他们的射击练习。

因为两个小伙子都是受过专业训练的，"砰砰砰"弹无虚发。他们全部都打中了风狮爷的身体。风狮爷心里非常伤心。它的职责是守护西洪村的居民，而如今被两个士兵当成枪靶子，感到既悲伤又愤怒。

后来，那两个人退伍回到老家，接连生起怪病来。家里人请了很多医生来看，也没有用，只好请了占卜师。这才知道今天的灾祸是他俩当时无知鲁莽、不敬神灵的代价。于是两家人赶紧去祭

记住乡愁——留给孩子们的中国民俗文化

|金门安岐村风狮爷|

叶涛 摄

拜风狮爷，跪求它的宽恕。风狮爷这才息怒，那两个人的病也慢慢好了起来。从那以后，西洪村的村民更加敬畏这位风狮爷了。

安岐村四面没有山丘和树林阻挡海风，村民备受狂风的摧残。大家认为只有大型风狮爷的法力才能抵挡如此可怕的风暴，于是齐心协力建起一个全金门最高大的风狮爷。在渔民的心目中，这尊高大的风狮爷宛如一座明亮的灯塔，是他们生命的保障。传说，以前渔民下海捕鱼，返回时天色阴暗，只要心里虔诚默念风狮爷的大名，风狮爷的双眼里就会射出两道强光，指引村民们安全返家。等大家平安抵达村子时，这亮光也随即消失了。除了这个神异故事外，还有一个在安岐村广泛流传的故事：

一天晚上，一伙贼人准备打劫安岐。强盗们早就听说了关于风狮爷的传闻，但是盗贼仍觉得心痒痒的。

石敢当

一天，他们深夜驾着船来到安岐。已经开到了海岸边了，强盗们正打算下船。突然，从风狮爷眼里射出两道亮光，照得一条船的人都睁不开眼睛。海面上顿时波涛汹涌，他们的船颠簸不停，根本无法靠岸。因为他们的邪念，风狮爷的眼中不断射出强光，船上的东西和人纷纷落海，几个凑巧爬上岸的盗贼也吓得手脚发软，赶快逃走了。

消息很快不胫而走，大家都更加相信安岐村的风狮爷了。但还有另一批强盗非要来试试这位守护神的威力，他们也在一个黑夜鬼鬼祟祟划船前来。同样的怪事再次发生，他们才相信风狮

|金门安岐村风狮爷局部图|

叶涛　摄

爷真的会显灵。

当年幸存的人后来都靠自己的勤奋发家致富了。幸存者们非常感激风狮爷能够放他们一条生路，并指引他们走上安稳的生活。为了表达对风狮爷的感谢，他们还经常带着祭品来祭拜风狮爷。

金门的风狮爷兼有镇海和防贼的作用，是地地道道的渔民守护神。金门流传着许多风狮爷保护渔民、与海盗斗智斗勇的故事。实际上，这也是当地人民生活的真实写照。对金门人和所有沿海居民来说，平安是最大的期盼。所以，他们希望风狮爷能为他们带来平安和幸福。

其他地区的石敢当信仰

其他地区的石敢当信仰

羌族的石敢当

四川羌族的石敢当一般被称为"泰山石""吞口""解救石"等,多置于羌族碉房大门旁、桥头、路口等处,以保小家庭和大寨子太平安康。四川桃坪羌寨号称羌族建筑文化的"活化石",是羌族古建筑文化的典型代表,被誉为"神秘的东方古堡"。原始羌族村寨始建于清代嘉庆年间,至今仍然保持着古朴风情。羌族老人说,羌语里泰山石敢当读成"热巴车斯"(音译),意为压地心。它的作用和汉族的石

| 四川桃坪羌寨全景 |

记住乡愁——留给孩子们的中国民俗文化

|桃坪羌寨中的石敢当|

蔡立国 摄

敢当一样,就是用来辟邪消灾的。当地人对石敢当的供奉十分虔诚,每逢初一、十五或年节都要烧香,敬献礼品。羌族还流传着一个家喻户晓的石敢当故事:

龙溪沟有个小伙子叫泰山,以砍柴为生。日子过得清贫,但他安居乐业,生活过得简单而幸福。

不知道从什么时候起,寨子一到傍晚,便飞沙走石,鬼哭狼嚎,人们都不敢出门。大家便纷纷猜测一定是有鬼魅住进了自己的村子,便请了很多位驱邪师来驱鬼,但是都没有什么效果。

泰山这人天生不怕什么鬼魅,反而是妖怪见了他四处逃命。每当傍晚,大家就请泰山为村寨抵御妖怪的入侵。果然,泰山只要往那儿一站，什么妖魔鬼怪都消失了。霎时间村子风平浪静，人们对泰山既感激又依赖，于是他担起为村子站岗的重任。

四川羌族那儿有很多山，而且时不时有一些小地震。一天，泰山正独自上山砍柴，突然山体滑坡了。山上的泥沙、石头纷纷砸落下来，他受了重伤，并且被埋住了。在临死前，泰山对村民说，让大家不要难过，更不要担心。人们只需要在一枚石头上面刻上泰山的名字，那么一样具有强大的威力。

泰山去世后，村子里又不得安宁了。乡亲们就请石匠在石头上面刻上泰山的头像，树立在村口路旁和自家屋子前后。说来也怪，自从立了泰山的石像，寨子里又像他在世时一样安宁了。

仫佬族的石挡

广西罗城仫佬族自治县的石敢当被称为"石挡"，都是村民自己立的，用来镇宅辟邪。仫佬族村落大多处于群山环抱之中，他们的石敢当都放在环山缺口处。村民们相信，小小的石敢当可以化身为山，将仫佬族整个村落保护在怀中。

其中小勒罗屯的石挡是长方形的，上面用楷书刻着"泰山石敢当"五个字。老村民介绍说，他们村东面正对着山谷，村子这一片区域没有被大山包围。人们为了防止邪风从山谷中吹入村子，便立了这尊石敢当。村民相信这块石挡有着超强的法力。以前有几个人不信石挡的作用，曾把它移走。很快，村子里的平静被打破，好几户人家接连出现不吉利的事情。村民们便认为是邪风进村导致，决定重立一个石挡。当时村里正在修河道，大家毛毛躁躁，没细心去找石头，随随便便用一个小石块凑合了一下。结果这么马马虎虎设立的石挡根本不起作用，怪事反而比以前更多了。这时人们才醒悟过来，虔诚地寻找了一块平整的大石头，细致地镌刻上"泰山石敢当"几个大字。从这以后，村子里才又恢复了太平。

门豆屯的情况也很有趣。这个村子周围不立石挡，立照壁。照壁正面朝向对面山腰的一个大岩洞。一个老村民说："岩洞就是老虎口，必须要有照壁挡着，不然全村人收了多少粮食都不够老虎吃的。"他还说："我们村有山围得好好的，不漏风，那些围得不好的村子才要用石挡。"假如问他，为什么不用石挡来挡住老虎口呢？他一定会立刻着急地答道："石挡就是泰山，泰山在你家门口，你还出得去啊？"

澳门的石敢当行台

澳门完好地保存着大量明清时代的庙宇楼阁，民间信仰丰富多样。石敢当作为一种镇邪物，被澳门同胞请入庙中，虔诚地供奉起来。

澳门的石敢当行台是一座石敢当庙，位于新桥轿巷口，靠近下环土地庙，门楣上写着"石敢当行台"的字样。庙主名叫梁金凤，是一位年轻的女士，为人热情好客。庙本是她与姐姐共同管理，姐姐出嫁后责任便落到她一人身上，梁家已经有三代人负责管理这座石敢当庙了。这座行台内经常有道士为人做法事，香火十分旺盛。行台内还保留了两块石碑，记录了这座庙的历史。凭借这两块石碑，今天的人才得以知道，此庙是光绪二十年（1894年）建成的，本来是

| 澳门石敢当行台门楣 |
叶涛 摄

| 澳门石敢当行台庙主梁女士在整理香火灰 |
叶涛 摄

记住乡愁——留给孩子们的中国民俗文化

|澳门石敢当行台内部|
叶涛 摄

|澳门石敢当行台内部|
叶涛 摄

大家商议事情的场所，后来演变为庙宇。

梁庙主给我们讲述了一个这样的传说：

庙里供奉的是姜太公，他就是石敢当。女娲娘娘当年用石头镇住人间的妖魔，又用五彩石补天。由于石头神通广大，便被称作"石敢当"。姜太公封神的时候，

把封号都给了别人，结果忘了自己。后来才想起来自己还没有封神，可是翻来覆去也没能在小册子上找到漏缺的职位。女娲娘娘为了表彰他的大公无私，就把"石敢当"的封号赐给了姜太公。

再加上姜子牙本身也很神通，妖魔鬼怪都非常怕他，所以他和石敢当有很多相似之处，用这个封号非常合适。

日本的石敢当

日本也是信仰石敢当的国家。日本的石敢当有很多种写法，像石敢堂、石散当、心石敢当、山石敢当等，多种多样，但是加上"泰山"字样的比较少。

除了上述的三个地方外，日本九州岛臼杵市有一尊很有故事的石敢当。古代的日本九州岛是一个与中国文化交流的窗口，大分县臼杵市是1562年开辟的城市。当时的城主是号称"战国之雄"的大友义镇，他统一了九州北部六国之后，看到商业贸易利润丰厚，便大力发展当地的商业。在城主的支持下，中国、葡萄牙的商船在臼杵市的港口络绎不绝，臼杵市逐渐发展成为繁华的国际贸易大都市。在城中还出现了专供中国人经营商业的华人街。根据1593年的《丈

| 澳门石敢当行台内姜子牙像 |
叶涛 摄

记住乡愁——留给孩子们的中国民俗文化

|日本冲绳的石敢当礼品|

|鹿儿岛县颖娃町的一处篆字"石敢当",旁边还有一座石质坐像|

周星 摄

量地亩底册》得知,在臼杵市十街中华人街最大,房屋多达73所。石敢当信仰就是在人声鼎沸的商业交往中传入的。

石敢当雕像依旧树立在今天的臼杵市华人街中。从街头步行约2分钟便是叠屋町的空地,那儿有一座不大的八幡社,社庙院内就树立着石敢当石碑。石碑是用黑色岩石雕刻的,上面以豪放刚毅的笔触写着"石敢当"三个大字。这个石敢当的作用是什么呢?也是人们用来镇宅安吉的吗?至于臼杵市的石敢当的来历,众说纷纭。据臼杵市的居民说,这尊石敢当是为了防止贸易纠纷而建立的。在大友义镇统治时期,臼杵市的港口停满了货船,世界各地的商人蜂拥而至，都市非常繁荣。但在交易时，口角争斗时有发生。管理者高野源十分头疼，就去请教当地很有声望的中国人陈文龙。陈文龙告诉他，中国的石敢当充满了正气，可以用来消解一切争吵和纠纷。于是高野源请陈先生在碑上书写了这三个大字，臼杵市果然从此太平起来。假如某天又有人发生了口角，人们会笑眯眯地说："因为石敢当老爷出去游玩了，所以我们港口才出现了争执。"可见大家对石敢当的信赖程度。

后来，石碑从口岸边移到了叠屋町，曾两次毁于战火。但因为日本人非常热爱中国书法，所以一直有人将石碑上的文字拓下来。在1877年，人们依照拓本第三次重刻碑文。如今，臼杵市的石敢当作为宝贵的"物质文化遗产"被当地居民呵护。据说，在大友义镇时代就迁居日本的中国人中，有两户人家世世代代住在臼杵市石敢当附近，以高耸坚定的石碑寄托着对华夏古老文明的追忆和自己的思乡爱国之情。

蒲生町的"心石散当"　叶涛　摄

记住乡愁——留给孩子们的中国民俗文化

越南的石敢当

越南北江省昌江古城是由我国明代军队于1407年占领越南时所建，目前在城东北处发现一座残破的护城石碑，现只残存"敢当"二字，上部内容已经不见踪影，可能是战乱所致。越南曾有一千多年的时间被并入中国版图，这段时间被称为"北属时期"。中国百姓响应国家号召，成群结队地南迁越南，这些人一定也带着他们的生活习惯和宗教信仰一起来到异乡。越南人也统计过他们国家的石敢当，发现这一信仰遍布全国。越南阮朝以前的石敢当，其建造位置

越南昌江古城

石敢当

越南的泰山石敢当

王善民 摄

多在路旁、拐角处、水冲处等。可见这些石敢当的功能与我们约定俗成的镇宅驱灾的功能是一致的。近二十年，石敢当信仰开始回潮，在越南北部形成了"石敢当热"的风气。这与越南人物质生活水平的提升和一直以来深信风水的传统有着密切的关系。值得一提的是，越南除了有石敢当，还有"石不敢当"。此种石不敢当碑目前在越南仅发现两座，分别在清化省和承天省。

第一座"石不敢当"碑位于承天省广田县广荣社山松乡。根据《山松地方志》，这块占石柱很早之前就立在乡亭桥头。其功能是镇宅、辟邪驱鬼。每到朔望、庙会等节日，乡民都会准备贡品和香烛祭拜。该书还记载《山

67

越南石不敢当

松乡约》内容，其第八十七条明确记载，山松乡有石柱石不敢当，乡民要用心保护，必将其留在乡亭，不得触碰、破坏、遗失。所有乡民都有责任保护它，且要派人专门负责。万一有任何散失，无论是无意还是故意，都要按规定罚款。因此这块石柱现在仍坐落在山松乡，并得到乡民的保护与尊敬。

第二座"石不敢当"碑位于清化省厚禄县连禄社。这块石头为自然形状，是一般的山石。上面刻"石不敢当"四字为线条较细的真书，阴刻，相当清晰明快。

附近人们都不知道这块石头的存在，更不知道其是什么意思。另一位住在旁边，且会汉字的老人说，这可能是这里建设道路时，工人将外地的石头运到这里来，但这一块太大，不符合要求所以才被丢在一旁。这位老人还说，这块可能是立在某一座山旁，意思是"石不可挖"，让大家不敢在那边开采。但这些说法仍需要更多的资料来印证。

因此，这块"石不敢当"碑文到底是什么意思、什么年代、原来在哪里、有什么功能、为什么是"石不敢当"、与石敢当信仰有没有关系等，到目前为止仍然是一个不解之谜。

今天，我们的文化传播方式变得多样化了，很多文学艺术家把石敢当从石块上请出来，让它成为戏剧人物、影视角色、文化象征。我们采用不同的渠道向人们展示石敢当镇宅消灾、保家卫国的功用。

现代石敢当

石敢当历史悠久，但它不是一个落后的老古董，而是几千年来默默守护着我们的神灵。即使是在行色匆匆的时代，也希望亲爱的小朋友可以停下脚步，对着我们的守护者说声谢谢，感谢它们长久的守护。

我们信仰石敢当，相信它可以带来平安、健康。我们还应该学习化身为人的勇士石敢当，让勇敢、正义的精神深植于心。我们都要怀揣着对美好生活的期待，不断努力，不断超越，永不言弃。

图书在版编目（CIP）数据

石敢当 / 黄景春，周丹著；黄景春本辑主编. -- 哈尔滨：黑龙江少年儿童出版社，2021.10（2022.7重印）
（记住乡愁：留给孩子们的中国民俗文化 / 刘魁立主编. 第十辑，民间信俗辑）
ISBN 978-7-5319-7333-1

Ⅰ. ①石… Ⅱ. ①黄… ②周… Ⅲ. ①信仰－民间文化－中国－青少年读物 Ⅳ. ①B933-49

中国版本图书馆CIP数据核字(2021)第206011号

记住乡愁——留给孩子们的中国民俗文化　　　　刘魁立◎主编
第十辑 民间信俗辑　　　　　　　　　　　　　　黄景春◎本辑主编
石敢当 SHIGANDANG　　　　　　　　　　　　　黄景春　周　丹◎著

出版人：	张　磊
项目策划：	张立新　刘伟波
项目统筹：	华　汉
责任编辑：	于　淼　王洪志
整体设计：	文思天纵
责任印制：	李　妍　王　刚
出版发行：	黑龙江少年儿童出版社
	（黑龙江省哈尔滨市南岗区宣庆小区8号楼 150090）
网　　址：	www.1sbook.com.cn
经　　销：	全国新华书店
印　　装：	北京一鑫印务有限责任公司
开　　本：	787 mm×1092 mm　1/16
印　　张：	5
字　　数：	50千
书　　号：	ISBN 978-7-5319-7333-1
版　　次：	2021年10月第1版
印　　次：	2022年7月第3次印刷
定　　价：	35.00元